AU PEUPLE.

EXPOSÉ D'UNE NOUVELLE

ORGANISATION

DU TRAVAIL

contenant

UNE RÉFUTATION DU COMMUNISME,

ET SUIVI DU

CHANT DU TRAVAIL (MARSEILLAISE PACIFIQUE)

ET D'UNE ODE A LA GLOIRE,

Par le Citoyen EDMOND VIDAL.

Prix : 30 c.

Non, la propriété n'est pas le vol ;
C'est la spéculation qui est le vol.

EN VENTE :

AU CABINET DE LECTURE DE LA PLACE KLÉBER,
aux Brotteaux-Lyon,

ET A LA LIBRAIRIE DE LA RÉVOLUTION,
rue Croix-des-Petits-Champs, 9,
A PARIS.

1848

Erratum.

Page 5 , lignes 9 à 16 , *lisez :*

La société sera organisée comme une armée , mais comme une armée d'hommes égaux et libres , et non comme une armée de maîtres et d'esclaves.

Tandis que les armées d'aujourd'hui , fondées sur l'antagonisme dans le but de la destruction , tirent toute leur force de l'absorption des individus dans une unité compacte ; celles de l'avenir , fondées sur la fraternité dans le but de la production , tireront leur force de la spontanéité individuelle se développant dans un ensemble harmonique.

L'ouvrier, comme le soldat, pourra s'élever et monter en grade, etc.

ORGANISATION DU TRAVAIL.

AU PEUPLE.

Peuple,

C'est toi dont le bras infatigable laboure, plante, sème moissonne;

C'est toi qui bâtis les granges, les maisons, les palais et lestemples;

C'est toi dont la féconde industrie tisse les habits somptueux et les brillantes parures;

C'est toi enfin, peuple, qui produis tout!

C'est aussi toi, peuple, qui ne jouis de rien!!

Le travail et la misère!

Voilà ta cruelle destinée.

Et ce n'est pas tout.

Comme s'il ne suffisait pas que tu arroses la terre de tes sueurs et de tes larmes, il faut encore que tu l'inondes de ton sang!

La guerre! la guerre!

Pauvre peuple!

C'est ton sang qui ruisselle sur les champs de bataille.

On t'arrache au travail, pour te livrer à la mort....

Et tes enfants, qui en prend soin? — Personne.

Ils sont laissés à ta charge.

1re Livraison.

A ta charge! pauvre peuple! Mais n'es-tu pas déjà trop chargé?

Tu peux à peine, par un travail excessif, soutenir ta misérable existence; il faut encore que tu nourrisses, que tu élèves tes enfants!

Aussi quelle éducation reçoivent-ils?

Obligés de gagner leur vie dès l'âge le plus tendre, ils se livrent à un travail abrutissant et ne peuvent parvenir à rien.

Mais, dira-t-on peut-être, les enfants appartiennent à leurs parents; la société ne peut s'en occuper.

Mensonge!

Tendres mères, s'ils vous appartiennent, pourquoi vient-on vous les ravir au jour de la conscription?

Alors, mais alors seulement, la société s'occupe de vos enfant s;

Oui, pour en faire des machines à tuer, de la chair à canon!

Et tes vieillards, pauvre peuple! que deviennent-ils?

Lorsque le poids des ans les courbe vers la terre et les approche du tombeau, le repos serait si nécessaire à leurs têtes blanches!

— Eh bien! non; ils ne se reposeront pas!

— Ils ont tant travaillé pourtant?

—N'importe; il faut encore qu'ils travaillent, et qu'ils meurent à la peine!!

Peuple! peuple!

Que tu es malheureux! que ton sort est à plaindre!

Mais va, console-toi; prends patience.

Espère en Dieu.

Espère en nous.

Cette terre, vallée de larmes, qui n'eut pour toi, jusqu'à ce jour, que des ronces sèches, que des épines sanglantes, tu la maudissais comme une terre d'exil.

Mais bientôt, changée en un lieu de délices, elle n'aura plus pour toi que des fleurs aux couleurs riantes, des fruits aux parfums délicieux, et tu la béniras comme la céleste patrie.

Car le règne de Dieu arrive;

Sa volonté va être faite sur la terre comme au ciel.

Peuple, tu le vois, nous connaissons ton mal;

Mais en savons-nous le remède?

Oui, nous le savons; écoute:

L'isolement dans lequel tu languis, voilà la cause de ton malheur.

L'association sera le remède à toutes tes souffrances.

Jusqu'à ce jour tu as gagné ta vie comme tu l'as pu, sans que personne vînt jamais s'informer si tu avais du travail et du pain.

Ton voisin, s'il exerce la même profession que toi, est souvent ton plus grand ennemi; il ne cherche point à te procurer de l'ouvrage, mais, au contraire, à t'enlever celui que tu peux avoir.

Dans l'avenir, tu ne seras plus abandonné à toi-même, à la faiblesse, à la misère.

Tu n'auras plus d'ennemis intéressés à ta ruine, t'arrachant le travail des mains et le pain de la bouche.

Tous t'aimeront, tous seront tes soutiens et tes protecteurs;

Car tous les hommes se sentiront frères, et tous seront associés en une seule famille.

Or, dans cette famille universelle,

L'ÉDUUCATION sera donnée à tous indistinctement, au fils du plus pauvre, comme au fils du plus riche.

Car tous les enfants sont égaux devant Dieu, dans le ciel;

Pourquoi ne le seraient-ils pas devant les hommes, sur la terre?

Ne sont-ils pas tous également nus et faibles en naissant?

Et si l'on donne à tous des langes pour les couvrir, le sein d'une femme pour les allaiter, pourquoi refuserait-on au plus grand nombre l'éducation qui peut seule développer leurs facultés?

N'est-il pas d'ailleurs dans l'intérêt de la société de former des citoyens capables de la bien servir?

C'est ainsi que le laboureur sème pour récolter un jour.

L'éducation sera entièrement gratuite.

Non-seulement les parents n'auront pas à payer les soins que l'on donnera à leurs enfants, mais encore ils seront déchargés de tous les frais de leur nourriture et de leur entretien.

Rien de plus juste; car s'ils n'avaient pas les moyens de nourrir et entretenir leurs enfants sans rien faire, faudrait-il que ceux-ci fussent privés de l'éducation à laquelle tous ont un droit égal?

L'éducation sera divisée en deux parties, l'une morale, l'autre professionnelle.

L'éducation morale sera la première et la plus importante.

Elle aura pour objet d'initier les enfants au sentiment de la fraternité universelle, d'inculquer dans chacun d'eux l'amour de tous les hommes, enfants égaux d'un seul Dieu en un mot, de former leurs jeunes cœurs à la vertu, en leur inspirant des sympathies douces et religieuses.

L'éducation professionnelle viendra ensuite.

Elle aura pour objet de développer les différentes facultés des enfants, et de leur enseigner à chacun suivant ses dispositions naturelles;

Soit un art, comme la poésie, la musique, la peinture ou la sculpture;

Soit une science, comme les mathématiques, la physique, l'histoire naturelle ou la botanique;

Soit une industrie, comme la menuiserie, la serrurerie, l'agriculture ou le négoce.

Ainsi l'éducation ne consistera plus seulement à enseigner aux enfants la lecture, l'écriture et le calcul.

Car, si tous les hommes ne savaient que cela, ils périraient bientôt et de froid et de faim.

Mais tous les enfants apprendront des états, chacun selon son goût, selon sa vocation qui vient de Dieu, et non selon le hasard de sa naissance, selon la condition de son père.

Pourquoi le fils d'un simple ouvrier, s'il a des talents, ne deviendrait-il pas ingénieur, médecin ou magistrat?

LA FONCTION sera donnée à chacun suivant sa capacité.

On le sent, rien de plus juste, rien de plus utile.

La société fournira à chacun l'instrument de son travail;

A l'un une terre, à l'autre un atelier, à celui-ci une boutique, à celui-là une bibliothèque.

La société sera organisée comme une armée.

Mais au lieu que les armées d'aujourd'hui sont guerrières et ont pour but la destruction, les armées de l'avenir seront pacifiques et n'auront d'autre but que la production.

L'ouvrier sera, comme le soldat, mais beaucoup mieux que le soldat, logé, vêtu, nourri, etc.

Il pourra s'élever et monter en grade, d'ouvrier devenir chef, comme le soldat devient caporal, sergent, etc.

Il n'aura jamais à craindre que le travail lui manque, car la société qui l'adopte se charge de lui en fournir.

Ainsi plus de mendicité; plus d'hommes réduits par le manque d'ouvrage, à tendre aux passants une main suppliante.

Plus d'aumône; elle avilit l'homme, elle engendre la fainéantise et toutes sortes de vices, et ne guérit pas la misère du pauvre.

Il y aura du travail pour tous, et ce travail sera payé convenablement, bien mieux qu'il ne l'a jamais été.

Car, dans cette organisation de l'industrie, il n'y aura plus de concurrence.

La concurrence est la ruine des travailleurs.

C'est elle qui fait baisser le prix de l'ouvrage, et par conséquent le salaire de l'ouvrier.

Alors les machines, qui, aujourd'hui, coupent les bras des ouvriers au profit de quelques fabricants, seront employées très-avantageusement au profit de tous les associés;

Car, au lieu d'appartenir à quelques individus, elles appartiendront à la société.

Et tandis que, d'une part, elles diminueront la peine de l'ouvrier, d'autre part, elles serviront à fabriquer une plus grande masse de produits.

Elles faciliteront ainsi le travail et augmenteront la richesse.

LA RÉTRIBUTION sera donnée à chacun suivant ses œuvres.

On ne verra plus le travail languissant dans l'indigence et l'opprobre, pendant que l'oisiveté se redresse dans l'opulence et l'orgueil.

Et surtout l'on ne verra plus des travailleurs et des oisifs se frappant d'une haine réciproque.

Tous les hommes vivront en frères dans la grande famille.

Tous travailleront,

Non par force, mais par vertu et même par plaisir;

Par vertu, car dès leur plus tendre enfance, ils auront appris que tous les hommes sont égaux, et que le travail est la commune loi.

Par plaisir, car le travail sera devenu extrêmement facile et agréable.

Personne ne viendra dire : *Je ne travaille pas, je suis riche, je vis de mes rentes.*

Car, vivre de ses rentes, c'est vivre des sueurs du peuple.

Plus d'oisiveté ! On la méprisera dans l'avenir, comme aujourd'hui les soldats méprise la lâcheté.

L'oisiveté est la mère de tous les vices.

Pour avoir le droit de ne rien faire, de se reposer, il faut avoir déjà travaillé.

LA RETRAITE est assurée à tous les travailleurs ;

Retraite honorable, pleine de douceurs et de charmes, où le vieillard trouvera enfin la digne récompense des longues fatigues de sa vie.

La vieillesse ne sera point, comme aujourd'hui, condamnée au travail ou à la mendicité, ou bien reléguée, avec un avare mépris, dans une maison de charité.

Mais le vieillard , entouré d'une famille qui l'aime sincè-rement et qui n'attend point sa mort avec une sordide im-patience , pourra s'endormir doucement dans le sein de son Dieu ;

Et l'immense bonheur qui est assuré à ses enfants , sou-rira à ses yeux demi-éteints , comme la plus brillante con-solation.

Peuple , voilà le sort que nous voulons te faire ;
Juge maintenant si nous sommes tes amis.

Mais comment parviendrons-nous à réaliser cette ère de bonheur que nous te prophétisons ?

Déjà je te vois brandissant un fer aigu , ou saisissant un lourd pavé pour terrasser tes ennemis.

Arrête-toi.

Ce n'est point par la guerre , mais par la paix seule que nous obtiendrons pour toi cette nouvelle liberté.

Jusqu'à ce jour, pauvre peuple , tu as été le jouet des partis qui te poussaient sur les places publiques ou sur les champs de bataille , à l'émeute ou à la guerre.

Dis-le-moi , que t'en revenait-il ?

Tu abandonnais au désespoir et à la misère tes femmes , tes enfants , tes mères , tes vieillards.

Tu triomphais par ton courage héroïque , car tu voulais vaincre ou mourir.

Mais d'autres n'arrivaient-ils pas aussitôt , qui t'escamo-taient la victoire ?

Car ils craignaient ou feignaient de craindre que ton ardeur généreuse ne se changeât en fureur de pillage.

Et , tout couvert de blessures sanglantes , les membres mutilés , l'on te chassait indignement , plus misérable que jamais , au fond de tes réduits obscurs ;

Ou bien , par une pitié ironique et cruelle , on t'accor-dait la faveur d'une place à l'hôpital.

Pauvre peuple ! comme on te jouait !...

C'est pourquoi , nous qui sommes tes vrais amis , nous

qui connaissons 'on mal et qui en savons le remède ;
    Nous ne te disons pas : Va te battre.
    Mais nous te di ons ! Travaille.
    Plus d'émeutes plus de guerre !
    Plus de sang !
    La paix ! la paix vive la paix !

EDMOND VIDAL.

Montpellier, avril 1835.

PEUPLE,

Ainsi te parlais-je, il y a quinze ans, quand tu mourais esclave.

Car je voulais adoucir les souffrances de ta misère par la brillante perspective de ton glorieux avenir.

Parmi tes maîtres, les uns grimaçant l'ironie à cause des espérances que j'avais conçues pour toi, me couvrirent de leurs risées et me traitèrent de fou; les autres, avouant leur effroi à cause de l'indignation que m'inspirait ta servitude, me couvrirent de leurs chaînes et me jetèrent dans leurs prisons.

Les aveugles ! ils ne voyaient pas que mon courage, mon indignation et mes espérances se fortifiaient par leurs persécutions mêmes.

. . . .

Aujourd'hui, le souffle de ton mépris autant que de ta colère a jeté dans la boue ce pouvoir rétrograde. qui prétendait te fermer les routes de l'avenir.

Tes tyrans sont vaincus , tu peux devenir libre...

Je dis : tu peux devenir libre , car tu ne l'es pas encore.

La liberté n'est pas quelque chose de négatif; ce n'est pas seulement l'absence de la tyrannie.

La liberté est quelque chose de positif ; c'est la constitution du règne de la justice.

Les obstacles qui s'opposaient à cette constitution ne sont plus ; mais cette constitution n'est pas encore.

C'est à toi qu'il a été donné de la concevoir, c'est à toi qu'il appartient aujourd'hui de l'enfanter.

Souviens-toi de cette prophétique béatitude du Christ : *Heureux par leur esprit les pauvres , car c'est d'eux-mêmes que vient le royaume des cieux !* (1)

Et cette autre : *Heureux ceux qui ont faim et soif de la justice, car ils seront rassasiés !*

Donc, pauvre peuple , console-toi ; car , si tu as beaucoup souffert , tu vas beaucoup jouir.

Assez longtemps tu as marché au hasard dans les sables brûlants du désert; tu vas enfin courir sur les sentiers fleuris de la terre promise.

Mais auparavant secoue la poussière de tes souliers; oublie toutes les souffrances de ton passé, pour ne plus songer qu'aux joies de ton avenir.

Marche devant toi , sans regarder en arrière.

Point de récriminations contre les riches qui ont causé tes misères ! En voulant te venger d'eux, tu risquerais de devenir comme eux.

D'ailleurs, regarde-les maintenant ces hommes naguère si fiers; vois-tu combien la honte les a rendus misérables ?

Eblouis des rayons de ton soleil qui se lève , du soleil de ta justice , ils se voient pris comme des voleurs qu'une lumière subite vient éclairer dans la nuit.

Que deviennent dans leurs mains toutes ces lanternes sourdes, avec lesquelles leur orgueil prétendait indéfiniment te conduire dans l'ignorance ?

Entends-tu les grincements de dents de leur rage impuissante ?

C'est qu'ils comprennent que leur règne est fini et que le tien commence.

(1) *Beati pauperes spiritu, quoniam ipsorum est regnum cœlorum.* Paroles sublimes qui n'ont jamais été traduites, mais toujours travesties.

Oui, peuple, toi que le Christ désigna en parabole sous le nom de *Fils de l'homme;* toi dont la noble nature se passe si bien des vains titres inventés par la sottise et la cupidité, tu n'as plus qu'à vouloir pour entrer dans ta gloire.

Les temps sont arrivés!....

Mais, garde-toi de ressembler aux hommes dont tu as vaincu le règne.

Exploité hier, ne songe pas à devenir exploitant à ton tour.

Plus d'exploitation de l'homme par l'homme! Au contraire, *dévoûment de l'homme à l'homme!* Que telle soit ta double devise politique et religieuse.

Oui, plus d'exploitation de l'homme par l'homme, c'est-à-dire *organisation du travail au profit des travailleurs,* que telle soit ta politique.

Dévoûment de l'homme à l'homme, c'est-à-dire *commu-nion entre tous les hommes des facultés de chacun,* que telle soit ta religion.

Et ta politique et ta religion, parties de deux points extrêmes, se confondront dans une même harmonie, pour ton bonheur complet.

Comme, sur ton glorieux drapeau, les mots *liberté* et *fraternité* viennent se réunir et s'harmoniser dans le mot *égalité.*

Par cela seul qu'il vit, tout homme a le droit de vivre.

Or, vivre, c'est être libre.

Etre libre, c'est pouvoir 1° satisfaire ses besoins; 2° exercer son activité; 3° disposer des produits de son activité.

Ces trois libertés appartiennent à l'homme vivant dans l'état sauvage.

Elles lui appartiennent, mais elles ne lui sont point assurées, exposées qu'elles sont plutôt à être troublées par mille accidents divers.

C'est pour assurer ces libertés et non pour les détruire, c'est pour les étendre et non pour les restreindre, que la société existe.

Et dès-lors sa politique sera une politique de liberté, et ce sera la vraie politique, et il n'y en a point d'autre.

Mais aussi par cela seul qu'il vit, tout homme a une mission à remplir dans la vie.

Son existence est un canal de la source éternelle et universelle de vie, chargé de répandre autour de lui ce qui a été versé en lui.

Donc son devoir est de mettre en commun, de communiquer à ses frères les dons qu'il a reçus pour tous, tant son activité que les produits de son activité.

Et cette religion est une religion de fraternité, et c'est la vraie religion, et il n'y en a point d'autre.

Mais de même que le droit politique de disposer n'a point anéanti le devoir religieux de communiquer, de même le devoir de communiquer n'anéantira pas le droit de disposer.

Et ce sera une grave erreur que de chercher à organiser politiquement une communauté de biens destructive du droit de disposer.

Comme ce serait une monstrueuse erreur que de prêcher religieusement un droit de disposer hostile à cette communauté de biens.

Contraindre le dévoûment ou prêcher l'égoïsme, sont deux erreurs contraires, également funestes.

Gardons-nous de l'une et de l'autre.

Soyons libéraux en politique et communistes en religion.

Faisons en sorte que nul ne soit empêché politiquement dans l'exercice de ses droits, mais que tous tendent religieusement à l'accomplissement de leurs devoirs.

En d'autres termes, prenant l'*égalité* pour base, non une prétendue égalité que la nature n'a point faite, mais l'égalité véritable, celle qui se traduit par l'équité.

Organisons la *liberté* de telle sorte que chacun puisse pratiquer la *fraternité* envers tous.

Organisons la liberté de la production, de manière à ce

que chacun puisse tendre à la fraternité de la consommation.

La liberté de la production ! Est-ce la liberté pour quelques-uns, de s'emparer des instruments de travail qui appartiennent à tous, et de ne prêter ensuite ces instruments que sous des conditions plus ou moins usuraires?

Non, certes; car cette liberté de quelques-uns n'est en réalité que la destruction de la liberté de tous; c'est la liberté du vol et de l'assassinat.

Et n'est-ce pas voler et assassiner le peuple que de le priver des instruments sans lesquels il ne peut produire, que de le priver des produits sans lesquels il ne peut vivre?

Posons un principe dont nous ne devrons jamais nous écarter, c'est que l'œuvre, toute l'œuvre et rien que l'œuvre appartient à l'ouvrier.

Celui qui par son travail a donné une forme à la matière, celui-là est légitime propriétaire....

De quoi? De la matière qu'il n'a pas faite?

— Non, mais seulement de la forme qu'il a faite, qu'il a donnée à cette matière.

C'est-à-dire qu'il a acquis, par son travail, un droit de jouissance sur cette matière transformée, mais il n'a pu acquérir la propriété de cette matière même.

A Dieu seul, qui l'a faite, appartient la matière.

Dieu la prête gratuitement à l'humanité pour qu'elle s'en serve, mais il ne la donne à aucun homme pour qu'il se l'approprie; il ne donne à aucun le droit de s'en emparer pour la prêter ensuite à des conditions usuraires.

Et voilà la vraie propriété, la propriété de l'avenir, et il n'y en a point d'autre.

Donc, organiser la liberté de la production, c'est assurer à chacun :

1° Le libre développement de sa vie, de ses facultés physiques, intellectuelles et morales, et par conséquent la satisfaction de ses besoins physiques, intellectuels et moraux.

2° Sa libre accession à tous les instruments de travail,

soit à la matière qu'il s'agit de transformer, soit aux outils qui doivent servir à sa transformation.

3º Enfin, la libre disposition des produits, de tous les produits, rien que des produits de son travail, c'est-à-dire de l'*équivalent* de ces produits ou du *prix* de son travail.

La liberté de produire et non de disposer, ce n'est qu'une demi-liberté; ou plutôt, c'est une liberté dérisoire, c'est la liberté de se faire dépouiller de ce qu'on aura produit.

Il est incontestable que celui qui produit plus, a par là même le droit de disposer de plus.

Et qu'on ne dise pas que cette liberté détruit l'*égalité*.

L'égalité dans le droit de disposer de son activité et des produits de son activité, voilà la vraie égalité.

Mais l'égalité dans la quantité d'activité et de produits dont on a le droit de disposer, c'est une égalité qui n'existe pas et qui ne peut exister.

Qui osera dire que tous les hommes sont égaux en force et en adresse ?

Et qui osera proposer d'affaiblir ceux qui sont plus forts, d'estropier ceux qui sont plus adroits ?

C'est pourtant ce qu'il faudra faire, si l'on veut qu'ils ne puissent pas disposer de plus de produits de leur force ou de leur adresse.

Car, tant qu'un homme disposera d'une force ou d'une adresse plus grande, il disposera par là même de produits plus considérables.

Disposer de l'objet fait ou du pouvoir de le faire, c'est absolument la même chose.

Objectera-t-on que cette liberté est contraire à la fraternité ?

— Et en quoi ? en ce que le producteur pourra disposer de ses produits en égoïste ?

— Mais l'homme riche en facultés ne pourra-t-il pas toujours disposer en égoïste de ses facultés supérieures ?

Voilà bien le vice radical de toutes les politiques jusqu'à

ce jour. Dans la crainte que chacun n'usât de son activité contrairement à l'ordre, elles ne se sont ingéniées qu'à limiter, qu'à mutiler l'activité de chacun.

Quand donc cesserons-nous de vouloir imposer par la contrainte un dévoûment que la fraternité seule doit inspirer dans la liberté ?

Est-ce que nous douterions de l'homme, de sa bonté native ?

Ou bien douterions-nous de la fraternité, de sa puissance inspiratrice ?

Sans doute, jusqu'à ce jour l'homme n'a pas été fraternel en religion. Pourquoi ?

— C'est que jusqu'à ce jour la société n'a pas été libérale en politique.

Que la politique garantisse la liberté de chacun, et la religion fera pratiquer par chacun la fraternité envers tous.

C'est en vain que la religion nous prêche de donner, lorsque la politique a pris soin de ne rien nous laisser.

Et maintenant, nous dira-t-on encore, que celui à qui la nature a départi une plus grande somme d'activité, n'a pas pour cela plus de droits à exercer, mais qu'il a seulement plus de devoirs à remplir?

Mais qu'est-ce que l'accomplissement du devoir, sinon l'exercice du droit?

La déclaration du devoir est par là même celle du droit.

La négation de celui-ci entraîne forcément la négation de celui-là.

Donc constituons nos droits, si nous voulons pouvoir accomplir nos devoirs ;

Développons nos facultés, augmentons leurs produits, toujours et le plus que possible sans nous laisser ravir notre droit d'en disposer, si nous voulons pouvoir remplir notre devoir, qui est d'en communiquer le plus possible à nos frères.

Nous dira-t-on enfin que cette propriété, attribuée au travailleur, des produits de son travail expose à périr de faim ceux qui ne peuvent rien produire?

Cette dernière objection sera encore sans valeur. N'avons-nous pas établi en principe que la première des libertés est celle d'exister ? C'est celle-ci qui sert de fondement à la liberté de produire, dont le couronnement est celle de disposer.

Harmoniser et garantir l'exercice de ces trois libertés, tel est le problème posé et que nous devons résoudre.

Etant admis ces trois principes :

Le premier, que tout homme doit avoir le nécessaire assuré, soit que, valide, il offre son travail à la société, soit que, infirme, il réclame ses droits à la solidarité.

Le deuxième, qu'il faut, toutes les fois que cela est possible, payer le travailleur aux pièces et non à la journée. La première méthode laisse l'homme libre en lui achetant son produit; la seconde le rend esclave en lui achetant sa vie.

Le travailleur aux pièces fait ce qu'il veut, quand il le veut; il est libre.

L'homme à la journée travaille sous l'aiguillon, son temps ne lui appartient plus; il a un maître, il est esclave.

Le troisième, que le prix du travail, soit à la journée, soit aux pièces, doit correspondre à son degré de perfection et de difficulté. D'où il suit :

1° Que la question des machines ne doit pas regarder le travailleur, mais bien la société; c'est à celle-ci, si elle veut des produits beaux et à bon marché, d'inventer des moyens mécaniques propres à faciliter et à perfectionner le travail;

2° Que la question de l'offre et de la demande doit être encore indifférente au travailleur et ne regarder que la société. Quand celle-ci a commandé le travail (aucun travail n'a dû être fait sans qu'elle l'eût commandé), elle a pris sous sa responsabilité l'écoulement du produit. —

Nous diviserons en sept parts l'augmentation de valeur que la matière première (1) aura obtenue par le travail, et nous les distribuerons ainsi qu'il suit :

(1) Les frais d'usure du matériel servant à la production, lesquels frais varient dans les diverses industries agricoles et manufacturières, viennent naturellement s'ajouter au prix de la matière première.

3 seront immédiatement remises au travailleur.

1 servira à rembourser les frais de son éducation.

1 sera mise en réserve pour le repos de sa vieillesse.

2 garantiront le nécessaire à tous les producteurs et con-
<u>7</u>   sommateurs solidairement unis.

Nous justifierons plus tard *à priori* notre division par sept de la valeur des produits du travail. Contentons-nous, pour le moment, de justifier *à posteriori* la répartition que nous en avons faite.

Et d'abord,

1° Les trois parts qui sont immédiatement remises au travailleur servent à rétribuer en lui les trois facultés physiques, intellectuelles et morales qui ont simultanément concouru à son œuvre.

Il ne faut pas que l'on oublie que le travailleur est un homme, et que l'homme ne travaille pas seulement ou avec ses bras, ou avec sa tête, ou avec son cœur, mais bien avec ces trois choses à la fois.

Il y a en lui comme trois personnes, qui toutes trois ont travaillé, qui toutes trois demandent à être rétribuées.

C'est son cœur qui a aimé le travail, c'est sa tête qui l'a conçu, ce sont ses bras qui l'ont réalisé.

Si nous subdivisons par sept les 3|7 ci-dessous, soit 21|49, nous emploirons 1|7 de chaque part, soit 3|49, à servir une prime aux chefs de l'industrie, les 18|49 restants constituent la part nette du simple travailleur.

La proportion dans laquelle ces 3|49 pourront être répartis entre les différents chefs, est facile à concevoir.

Il suffit de jeter un coup-d'œil sur le tableau ci-dessous.

•	35
• •	26
• • • •	21
• • • — • • • •	18

Si le nombre des chefs était plus considérable, les 3|49 qui leur affèrent seraient divisés par le nombre de leurs grades et répartis entr'eux dans des proportions égales.

2ᵉ Un septième sert à solder le passé, l'enfance du travailleur ; un septième sert à garantir l'avenir, les douceurs de sa vieillesse.

On comprend aisément que cette balance établie entre les frais d'éducation et la pension de retraite est de toute justice.

Il est naturel de penser que celui qui gagne plus a coûté plus pendant son enfance, c'est une dette qu'il acquitte ; que, d'autre part, il veut disposer de plus pendant sa vieillesse, c'est un trésor qu'il amasse.

3₀ Restent les deux septièmes formant le fonds commun des producteurs et des consommateurs solidairement unis.

C'est au moyen de ces 2|7 que se trouve assurée l'existence de tous.

C'est par là que le nécessaire est donné gratuitement à tous, travailleurs ou non travailleurs, à une seule condition, c'est de n'être point usuriers envers la société.

La société donne gratuitement le nécessaire à tout homme qui vit, par cela seul qu'il vit. Elle n'en demande compte qu'à celui qui lui demande compte à elle-même de ce qu'il lui doit gratuitement.

Et maintenant, ne pouvons-nous pas dire que le problème est résolu de l'harmonisation et de la garantie des trois libertés solidaires : *vivre*, *agir* et *disposer* ?

Les premiers 2|7 garantissent la liberté de disposer.

Les 2|7 suivants, dont l'un est donné à l'enfance qui s'exerce, l'autre à la vieillesse qui se repose, garantissent évidemment la liberté d'agir.

Enfin les derniers 3|7 garantissent à tous la liberté de vivre.

Nous remarquerons ensuite :

1° Que les 5|7 afférents au travailleur, soit 3|7 pour son présent, 1|7 pour son passé et 1|7 pour son avenir, lui sont donnés en outre du nécessaire et pour le luxe de son existence.

3ᵉ Livraison.

18

2° Que le travailleur, prenant son nécessaire dans les derniers 2|7, se trouve jouir ainsi, soit individuellement, soit solidairement avec tous ses concitoyens, tous ses frères, de la totalité du produit de son travail.

3° Que le nécessaire qu'il a reçu de la société ne constituant pas contre lui une dette, il peut toujours se remettre au travail sans craindre qu'on lui retienne les 3|7 qui lui seront dûs pour son luxe.

4° Que les usuriers seuls n'ayant point droit à ce nécessaire gratuit, beaucoup s'empresseront pour l'avoir de renoncer à leurs intérêts usuraires.

Quant au nécessaire donné gratuitement à tout homme présent à la vie, il va sans dire :

1° Qu'il ne constituera point une existence agréable, et que dès-lors on n'aura pas à craindre qu'il soit un excitant à la paresse.

L'homme qui se contentera de ce strict nécessaire, au milieu du luxe de ses concitoyens et en présence des moyens si faciles que lui seront sans cesse offerts d'y prendre part ; l'homme qui refusera de produire renonçant par là même à la liberté de disposer d'aucun produit; cet homme sera évidemment un individu malade, malade physiquement, moralement ou intellectuellement.

Donc cet homme, cette exception, devra être pour la société, moins un objet de colère ou de mépris, qu'un objet de tendre et vive sollicitude.

La société verra en lui un malade à guérir; et de plus elle comprendra que sa maladie a une cause, et que cette cause est sans doute un abus à réformer.

2° Que pour exercer son droit à jouir de ce nécessaire, on ne sera pas tenu de l'accepter dans sa forme grossière.

La valeur de ce nécessaire ayant été fixée, chacun pourra dépenser cette valeur sans prendre les objets mêmes qu'elle représentera.

Soit supposée cette valeur de 90 c. par jour pour la nourriture, celui qui voudra dépenser 1 f. 80 c., le pourra en ajoutant simplement 90 c.

Il en sera de même du vêtement, de même de l'habitation.

Etant établie, l'égalité des droits de tous à la vie, au travail et au prix du travail, il nous reste à indiquer par quels moyens sera assurée dans le corps social la circulation des richesses de la production.

Ce n'est pas tout que nous puissions broyer des aliments sous notre dent et les faire digérer par notre estomac; il faut encore qu'un organisme savant, préparé par la sagesse Créateur fasse circuler dans tout notre corps la substance nutritive.

De même ce n'est pas tout qu'une loi équitable ait décrété le travail; il faut encore qu'une organisation savante assure la circulation de ses produits et leur consommation.

La chose la plus importante ce n'est donc pas la création d'ateliers dans lesquels le travail devra s'effectuer, mais bien la création de bazars dans lesquels les produits agricoles et manufacturés devront être vendus.

Nous ne nous arrêterons pas à démontrer, 1° que l'état qui a commandé, reçu et payé les travaux doit lui-même en vendre les produits à tous les consommateurs ; 2° qu'il suit de là la nécessité d'ouvrir des bazars nationaux dans lesquels toutes les marchandises, préalablement estimées, seront vendues par des fonctionnaires aux prix fixes dont elles porteront la marque.

Nous dirons tout de suite que l'ouverture de ces bazars appelle la création d'un nouveau papier monnaie, lequel portera le nom de *bon de consommation agricole* ou *industrielle*.

C'est partie en bons de consommation agricole, partie en bons de consommation industrielle que sont payés au travailleur les 3[7 qui lui sont remis sur la valeur de son travail.

Ces bons valent de l'argent, puisque l'Etat qui les émet les échange quand on le veut contre les objets que l'on pourrait acheter avec de l'argent.

Ils sont plus commodes que l'argent, plus faciles à porter, cela n'est pas douteux.

Ils sont aussi plus sûrs, moins sujets à être ou perdus ou volés, si l'on a pris soin de s'en faire constater la propriété, soit par un enregistrement, soit par un simple endos.

Enfin, ils sont plus vrais, car ils représentent réellement des valeurs existantes, soit comme travaux faits, soit comme matière brute.

Et c'est en cela que consiste principalement leur grande supériorité sur la monnaie de métal.

Celle-ci ne représente que des valeurs fictives et sans rapports certains avec les richesses sociales.

D'où il suit que nul ne peut jamais connaître sa position véritable, soit active, soit passive.

Quiconque a à la fois des marchandises et des dettes, ne sait pas ce qu'il a. Il ignore s'il est riche ou s'il est pauvre, s'il lui reste quelque chose ou si c'est lui qui redoit.

Car ce qu'il a, c'est de la marchandise, et ce qu'il doit, c'est de l'argent.

Or, il ignore si demain avec toute sa marchandise, il pourra se procurer le peu d'argent qu'il doit.

Il n'en est pas de même des bons de consommation devenus valeur monétaire.

Ce que l'on possède ce sont des objets de consommation ; ce que l'on peut devoir, ce sont des bons de consommation. Avec les uns il est toujours facile de payer les autres.

La vérité représentative des bons de consommation ne consiste pas seulement en ce qu'ils ne représentent que la quantité des valeurs existantes, mais aussi (et cette vérité en eux est surtout de la sagesse) en ce qu'ils ne représentent pas à la volonté du porteur des valeurs en matière et des valeurs en travail.

Les bons de consommation agricole ne seront pas des bons de consommation industrielle, et réciproquement.

Voilà pourtant ce qui arrive avec l'argent aujourd'hui.

L'argent représentant arbitrairement toute valeur quelconque, celui qui le possède peut s'emparer en un jour de toute la subsistance du peuple, et créer la famine au milieu de l'abondance.

Ce que nous disons de l'argent, nous le dirons également des billets de banque, qui ne font à leur tour que représenter l'argent.

Ceux-ci sont encore plus dangereux. Leur création et leur émission étant illimitées, il peut être très-facile d'en posséder assez pour causer les plus grands embarras.

Avec le système de l'argent et des billets de banque, la vie de tout un peuple est à la merci d'un scélérat ou d'un fou.

En résumé, pour que le signe soit vrai, il faut qu'il représente une quantité déterminée de travail ou de matière correspondante à ce travail.

Or, la pièce de cinq francs ne représente de l'un ou de l'autre qu'une quantité variable, suivant les fluctuations de la hausse ou de la baisse, de la prospérité ou de la misère.

Il faut ensuite que le signe représente des valeurs existantes et non hypothétiques.

Or, rien ne prouve que l'argent ou le billet de banque en circulation, considérés comme signes de la valeur des produits agricoles, n'en représentent pas beaucoup plus qu'il n'en existe dans un moment donné.

Donc renonçons à l'argent, comme signe de valeur; renonçons à ce reste de barbarie, qui n'a été un progrès que dans la voie funeste où s'égara le passé.

L'argent n'est qu'un témoignage de la méfiance générale des citoyens, soit entre eux, soit vis-à-vis de l'Etat.

Il rappelle ces tombereaux de fer qui servirent de monnaie aux premiers temps de la Grèce.

Ne fallait-il pas être rempli de méfiance envers ses débiteurs, pour consentir à être payés par eux en une monnaie pareille ?

A moins qu'un débiteur ne soit ce qu'on appelle absolument mauvais, quel est le créancier aujourd'hui qui voudrait se payer ainsi ?

Et cependant le système de l'argent n'est que le même système, perfectionné seulement au profit des fripons.

Ce qui plaît tant en lui , c'est : 1° qu'il n'est pas seulement un signe de valeur , mais bien plutôt un gage.

Les capitalistes sont de prétendus créanciers de la sueur du peuple. L'argent est entre leurs mains un gage qui leur répond que cette sueur ne leur échappera pas.

C'est au peuple à faire mentir leur sagesse , en leur laissant leur gage et en gardant désormais sa sueur pour lui-même.

C'est 2° qu'il est d'une dissimulation extrêmement facile.

Voleurs ou capitalistes peuvent le faire disparaître comme par enchantement.

Et alors qu'arrive-t-il ? Il arrive que pour remplir des engagements pris de donner de l'argent en retour de toute autre chose, chacun se voit forcé de se mettre aux genoux du possesseur d'argent , de lui donner tout ce qu'il a, ou de lui promettre ce qu'il n'a pas.

C'est 3° qu'il n'est pas seulement un moyen de se procurer la satisfaction de ses besoins, mais encore et surtout un moyen de spéculer sur les besoins des autres.

Le capital argent considéré comme seule valeur réelle et permettant d'acheter n'importe quoi , matière première ou travail humain, est comme un fort situé à l'angle de plusieurs routes et pouvant à volonté faire feu de tous côtés.

. Nul ne passera sans se soumettre à ses infâmes conditions:

Travaille pour moi ou meurs ! et encore : *Gloire aux bourreaux et honte aux victimes !* Telles sont les atroces devises de son infernal drapeau.

Donc, encore une fois , renonçons à nous servir de l'argent ou de l'or , comme signe représentatif des valeurs que nous avons à échanger.

Rendons ces précieux métaux à l'usage pour lequel Dieu les créa sans doute.

N'est-ce pas dommage que d'enfouir dans des sacs ou dans des coffres-forts, des lingots ou fractions de lingots (une pièce de monnaie n'est pas autre chose) de métaux à la fois si brillants et si purs ?

Ne privons point nos yeux d'un luxe de lumière, si bien fait pour élever nos esprits vers le ciel.

Enfouis pour enfouis, mieux valait que ces métaux demeurassent dans les entrailles de la terre, que d'être par tant de travail amenés à sa surface pour ne point l'embellir.

Mais gardons-nous aussi, en renonçant au corps, de nous attacher à l'ombre. Le billet de banque et tous les papiers monnaies créés jusqu'à ce jour, n'ont jamais été que de l'ombre d'argent.

En paraissant s'affranchir de la tyrannie du métal, ces billets ne sont tous qu'un hommage au métal.

La pièce de métal est la divinité dont ils portent l'image.

Aussi qu'arrive-t-il?

Représentant des valeurs métalliques, que ne possèdent souvent ni la banque qui les a mis en circulation, ni les clients dont elle a accepté les signatures, ils ne valent plus rien le jour où chacun veut qu'ils vaillent ce qu'ils disent valoir.

Malgré le proverbe d'après lequel *qui paie ses dettes s'enrichit*, une banque est ruinée, sa banqueroute est certaine, le jour où elle se voit forcée de rembourser ses billets et de payer ses dettes.

Et cela est vrai encore, quelle que soit la garantie qui soutienne ces billets; qu'il soient hypothéqués sur des propriétés particulières ou sur des propriétés nationales, sur le crédit privé ou sur le crédit public.

Tant que le papier monnaie se résoudra en définitive en un certain nombre de pièces métalliques, lesquelles n'existeront pas ou pourront se cacher, leur valeur sera hypothétique et leur crédit incertain.

Il n'en sera pas de même des bons de consommation.

Toujours réalisables contre les valeurs mêmes dont ils sont le vrai signe, leur crédit est plus solide qu'aucun crédit possible.

Donnés en paiement de produits véritables, ils ne seront en circulation qu'autant que les produits seront en magasin.

Leur rentrée dans la caisse sociale, loin de ruiner la société, ne pourra que l'enrichir, la consommation remplissant dans la société la fonction que la mort remplit dans la nature ; elle renouvelle l'industrie comme la mort renouvelle la vie.

Et maintenant il va sans dire que, connaissant la quantité de bons qui sera mise en circulation, la société connaîtra par là même approximativement la consommation qui pourra être faite.

Car nul ne s'amusera à accumuler des bons en s'abstenant de consommer.

D'ailleurs, qu'importerait ?

Si le capital marchandises était encore obligé de payer des intérêts au capital monnaie, une accumulation de marchandises pourrait être une perte pour le producteur au profit du non producteur.

Il n'en sera point ainsi, au contraire.

Les bons de consommation n'étant valables que pendant un certain laps de temps après leur échéance, ceux qui, ce délai passé, voudraient les employer seront tenus de les changer contre des bons de l'année courante. Or, ce change sera soumis à un droit de   p. 0/0 pour compenser les embarras d'emmagasinage des marchandises invendues.

Ceux qui voudront amasser soit pour assurer des projets de consommation ultérieure, soit pour satisfaire à des désirs de libéralité fraternelle, n'auront qu'à consolider temporairement leurs bons dans les caisses sociales.

C'est cette consolidation qui permettra à l'Etat d'entreprendre des travaux importants qui pourront ne pas être d'un rapport immédiat.

Nos billets de consommation n'auront pas pour base l'argent.

Mais quelle sera donc leur base ? Car ils ne pourront pas être comme ceux que la charité délivre quelquefois, des bons spécifiant un objet déterminé, tel que 1 kil. de pain ou un 1|2 kil. de viande.

Des bons ainsi formulés ne tendraient à rien moins qu'à détruire la première des libertés, la liberté de vivre et de satisfaire ses désirs.

Donc il faudra que ces bons indiquent seulement une valeur consommable, agricole ou industrielle.

Mais quelle sera l'unité, la base de cette valeur?

Sera-ce encore le franc, la pièce de métal?

—Non, non, et mille fois non.

Est-ce que le franc est une unité donnée par la nature, pour servir de terme de comparaison entre toutes les valeurs de la terre?

Nul n'oserait le dire.

En supposant, ce qui n'est pas, que le système décimal, dont le franc fait partie, fût un système bien fait, ne resterait-il pas toujours contre lui l'objection des fluctuations imprévues de la valeur de l'argent?

Le jour où rien ne devra plus être payé en argent, pourquoi conserverait-on ce signe du passé, ce stygmate de l'esclavage dans lequel l'humanité a langui trop long-temps?

Pourquoi ne prendrait-on pas pour éléments de l'unité nouvelle la quantité moyenne de travail, en force et en adresse, qu'un ouvrier doit fournir pour obtenir la quantité moyenne de nourriture qu'il a besoin d'absorber, le tout pendant une journée.

Etant divisée la journée totale en sept parties égales, nous donnerons 2|7 au sommeil, 2|7 au travail, et 3|7 au plaisir ou à la consommation.

Les 2|7 donnés au travail équivalant à près de 7 heures, 1 heure serait affectée à gagner la subsistance, 6 à gagner le reste.

1 heure de travail équivaudrait donc à la quantité de nourriture suffisante à la journée.

Dès-lors, pour déterminer la valeur de chaque ouvrage, des experts entendus n'auront qu'à faire le calcul du temps qu'il représente pour un ouvrier ordinaire, ce temps n'étant lui-même que l'indication de la quantité de force et d'adresse dépensées par le travailleur.

4° LIVRAISON.

Pour déterminer au contraire la valeur de toute matière première, il y aura à comparer sa valeur à celle de la subsistance humaine, tant sous le rapport de son utilité ou agrément que sous celui de sa rareté.

Utilité et *rareté* dans la matière correspondent à *perfection* et *difficulté* dans le travail.

Le prix de l'objet manufacturé se composera de deux éléments, la valeur de la matière première et celle du travail.

Et l'on paiera le travailleur soit par un bon industriel lui donnant le droit de consommer une certaine quantité de travail égale à celle qu'il aura fournie, soit par un bon agricole lui donnant le droit de consommer une certaine quantité de matière correspondante à cette quantité de travail.

Nous n'insisterons pas davantage sur la solution d'un problème que nous avons voulu surtout poser devant les méditations des hommes de l'avenir.

Qu'il nous suffise d'avoir fait comprendre que ces comparaisons du travail humain et de la nourriture humaine sont les seules bases naturelles des valeurs de l'avenir, et que dès-lors ce sont les seules qui aient la chance de devenir un jour universelles.

Il nous reste une dernière question à résoudre, pour compléter la solution des problèmes matériels de l'organisation du travail.

Jusqu'où s'étendra pour chacun la liberté de disposer du prix de son travail ? Pourra-t-on également donner pendant sa vie et léguer après sa mort ?

Mais cette question est déjà résolue en fait autant qu'en droit ?

En fait, il est certain que le possesseur de bons au porteur, est libre de les donner ou de les consommer lui-même. Cela ne se discute point.

En droit, il n'est pas moins certain que la liberté de disposer de la part que la société a reconnue nous appartenir individuellement ne saurait accepter aucune restriction.

Il n'y a que le droit de spéculer, nous allions dire de tromper et voler, par la vente et par l'usure, qui disparaisse forcément de la société nouvelle.

Et, en effet, que vendrait-on ? et à qui ?

Des terres ? elles appartiennent à Dieu.

Des maisons ? elles appartiendront à la société.

Des meubles ? ils feront partie des maisons.

Des marchandises enfin ? mais qui donc ne préférera pas les acheter dans les bazars nationaux, qui seuls auront le droit de les vendre, dans lesquels seuls on sera sûr de n'être pas trompé ?

Puis, avec quoi l'acheteur paierait-il ? — Avec des bons de consommation?... — Mais quelle serait donc la spéculation du vendeur, s'il vendait à meilleur marché ? — Ou bien, quelle serait la spéculation de l'acheteur, s'il achetait plus cher ?

Du reste, pour vendre il faut posséder; or, comme nous l'avons dit, nul ne peut posséder la matière première, afin de l'accaparer.

Le travailleur qui a été chargé de la manufacturer, est lui-même obligé de la rendre à la société, qui ne la lui a pas vendue, mais seulement confiée.

Dira-t-on que ces marchandises pourront nous venir du dehors, de l'étranger ?

Mais on pense bien que la République seule devra faire le commerce extérieur, tout comme l'intérieur.

Et ce commerce, pour lequel elle aura tant et de si grandes ressources, elle ne le fera point comme il se fait aujourd'hui, dans un but égoïste de spéculation anti-humanitaire, mais dans un but généreux d'association fraternelle.

Livré aux calculs étroits de l'intérêt personnel, le commerce extérieur est une cause d'appauvrissement pour les masses dont il vend les sueurs.

Qu'importent aux ouvriers les bénéfices des trafiquants, s'ils n'en profitent pas eux-mêmes ? Si surtout, pour aider leurs maîtres à soutenir la concurrence étrangère, ils sont obligés de travailler à des prix misérables et auxquels il leur devient impossible de vivre ?

Au contraire, plus leurs maîtres se font riches, et plus eux-mêmes sont faits pauvres, les bénéfices obtenus chez l'étranger devenant pour les spéculateurs des moyens d'accaparer la subsistance du peuple et de spéculer sur sa faiblesse après avoir trafiqué de ses forces.

Bientôt l'ouvrier, gagnant à peine par son travail de quoi subvenir à ses premiers besoins, ne peut plus rien acheter des produits de son industrie. Il n'a plus d'autre souci que celui de manger.

Et que résulte-t-il de là? — Il en résulte l'anéantissement de tout commerce intérieur sur les objets faits de main d'homme et qui ne sont pas pour l'estomac d'absolue nécessité.

Le travail humain, seule valeur certaine, finit par n'être plus qu'une valeur douteuse.

Et de plus en plus le mal empire, chacun allant chercher au dehors un bonheur qu'il eût été si facile de se faire au-dedans.

Voyez l'Angleterre....

Le jour où il sera fait par la société, le commerce extérieur ne sera plus cette lutte du fort contre le faible, cette guerre, en apparence pacifique, dans laquelle les spéculateurs ne se font aucun scrupule d'aggraver le joug des esclaves, en asservissant les hommes libres.

Notre République a pour mission de porter la *liberté*, la *fraternité* et l'*égalité* chez tous les peuples.

Or, ces trois choses, elle doit les leur porter, non-seulement en idées et en paroles, mais en actions et en réalités.

Il faut qu'elle porte, avec son organisation du travail, même des mécaniques aux peuples qui n'en ont pas....

Se trouverait-il quelqu'un pour regretter, comme les oignons d'Egypte, la liberté pour l'homme de posséder toutes choses?

Certes, on aurait raison, si cette liberté n'était pas celle de l'esclavage.

Est-il libre celui qui ne peut quitter une ville, sans avoir à s'inquiéter de tous ces embarras ?

Il croit posséder ces choses , et ce sont ces choses qui le possèdent.

La liberté de se faire esclave , est une liberté que notre politique ne peut pas reconnaître.

Donc ce double vol, qui consiste à acheter bon marché et à revendre cher, c'est-à-dire à payer le produit moins que sa valeur, et à se le faire payer ensuite au-delà de sa valeur; c'est-à-dire encore à ne payer qu'une partie du produit en s'emparant de l'autre, et à se faire payer une partie de produit que l'on ne livre pas ;

Ce vol à main dorée ne pourra plus se commettre.

Ce commerce de ténèbres et de mensonges dans lequel l'acheteur, plein de méfiance contre son vendeur, invente contre lui toutes sortes de roueries, ruses et contre-ruses , jugées de bonne guerre ;

Ce commerce de misère ne sera plus possible.

Il n'y aura plus place pour lui au milieu de la lumière, de l'abondance et des joies de l'avenir.

Il en sera de même de l'usure , ce chancre dévorant auquel notre corps social s'est tellement habitué, qu'il n'ose plus le guérir, ayant fini par y voir un signe de sa santé.

L'usure non plus ne sera plus possible.

Sur quoi, envers qui, et dans quel but pourrait-elle s'exercer ?

Toute matière appartenant à la société, qu'est-ce que l'usurier aurait à prêter ?

Personne n'ayant de dettes à acquitter , ni envers ses concitoyens, ni envers la société, à qui l'usurier prêterait-il ?

Prêterait-il des bons de consommation à celui qui ne voulant point travailler, voudrait cependant jouir des bénéfices du travail d'autrui ?

Mais ne serait-ce pas, de sa part, le comble de la folie ?

Si celui qui n'a pas travaillé veut se mettre au travail, il n'a pas besoin que personne lui prête à intérêts des instruments que la société lui offre gratuitement.

Si c'est au contraire pour se remettre au plaisir, quelle confiance inspirera-t-il à celui de qui il veut emprunter ?

Et se trouverait-il quelqu'un pour regretter encore la liberté de l'usure ?

La liberté de l'usure ! mais n'est-ce pas la liberté de l'asservissement ?

N'est-il pas l'esclave de son créancier, celui qui est obligé de lui donner, comme à un maître, le produit de son travail?

La liberté d'asservir est une liberté que notre politique ne peut point reconnaître.

L'usure, le prêt à intérêt, sous quelque forme qu'il se fasse, n'est qu'une cause de dessèchement et de misère sociale.

C'est la consommation qui pousse à la production, et c'est celle-ci qui fait la richesse.

Mais l'usure n'est qu'une prime accordée à la non-consommation, une prime à ce qui arrête la production dans son essor, une prime à ce qui tarit la richesse dans sa source.

Ce sont des consommateurs et non des usuriers qu'il faut au producteur. Les premiers le font vivre, tandis que les seconds le ruinent. Il n'a recours à ceux-ci que parce qu'il a manqué de ceux-là.

Et maintenant, félicitons nous, et rendons grâce à Dieu de ce qu'il nous a laissé entrevoir la justice de son règne,

De ce règne d'où sera à jamais bannie toute spéculation sur la misère, par accaparement ou thésaurisation,

De ce règne où le brigandage du commerce par vente ou par usure ne sera plus possible.

Et occupons-nous de rechercher la voie par laquelle, libre enfin des liens de la mort, le *fils de l'homme* pourra sortir des ténèbres de son passé et entrer plein de vie dans la gloire de son avenir.

Il faut que le peuple vive. Tous les obstacles que rencontrera la marche de cette nécessité ne lui enlèveront pas son caractère : *c'est une nécessité.*

Or, que faut-il faire pour assurer l'existence du peuple?

Ce qu'il faut faire *hic et nunc,* en France, aujourd'hui même ? — Le voici :

Il faut que par un *premier décret,* le pouvoir mette en régie le blé et le bétail.

Par ce décret, il achète au prix du cours du jour la totalité du blé et du bétail existant actuellement en France, obligeant chaque possesseur à venir en faire la déclaration dans un délai fixé, pour en faire ensuite la livraison partielle ou totale à toute réquisition, et s'engageant lui-même à payer chaque livraison au gré des possesseurs ou par des bons à six mois, remboursables en espèces métalliques, ou par des bons de consommation industrielle, réalisables à la volonté des porteurs dans les bazars nationaux.

Il faut que par un *deuxième décret* le pouvoir frappe d'un emprunt progressif toute fortune dépassant 20,000 fr.

Cet emprunt sera acquitté, au gré des prêteurs, soit en espèces métalliques, soit en toute matière première quelconque, et donnera droit à un intérêt de 6 p. 0/0 par an.

Cet intérêt sera payable de la même manière que les loyers des propriétaires (voir au 6° décret).

Au moyen de cet emprunt, il sera formé dans chaque chef-lieu de département et d'arrondissement, un comptoir national de matière première.

Ces comptoirs nationaux seront chargés de faire aux ouvriers agricoles et industriels des avances de matières et instruments de travail, soit chez eux individuellement, soit dans des établissements communs.

Il est aisé de comprendre que, pour détruire l'usure entre particuliers et avoir facilement de l'argent à sa disposition, l'Etat n'a qu'à en prêter lui-même sans intérêts, non en espèces, mais en matière première. Le jour où chacun trouvera auprès de lui les avances dont il aura besoin, nul ne s'adressera aux capitalistes pour emprunter de l'argent sous des conditions d'intérêt et de remboursement dont l'observation ne dépend jamais de la volonté de l'emprunteur.

Par un *troisième décret*, le pouvoir s'engage à ouvrir des ateliers nationaux dans tous les genres pour lesquels il a pu ou pourra se procurer de la matière première.

Par un *quatrième décret*, le pouvoir ouvre des bazars nationaux dans toutes les villes de France.

Dans ces bazars seront acceptées toutes marchandises neuves utiles que les ouvriers apporteront.

Ces marchandises seront estimées et cotées pour être vendues à des prix fixes.

Sur ces prix :

Il sera remis au producteur, outre le remboursement de la valeur ou le remplacement en nature de la matière première,

1° Une partie en espèces.

2° Une partie en bons de subsistances.

3° Une partie en bons d'industrie.

Il sera retenu au producteur,

4° Tant p. 0|0 pour paiement de son loyer à échoir, à partir du jour où il a fait sa première livraison au bazar.

5° Tant p. 0|0 pour former une caisse de secours et de retraite.

6° Tant p. 0|0 pour former une caisse testamentaire ; l'homme qui profite du passé de ses pères doit préparer l'avenir de ses enfants.

7° Tant p. 0|0 pour subvenir aux frais de la vente des marchandises.

Par un *cinquième décret*, le pouvoir déclare que tous les fonctionnaires de l'Etat seront payés de la même manière que les ouvriers, c'est-à-dire conformément aux paragraphes 1, 2, 3, 4, 5 et 6 ci-dessus.

Il est facile de démontrer qu'il n'y aurait aucun inconvénient à ce que des magistrats reçussent des bons de pain et de viande avec lesquels ils enverraient leurs domestiques, comme avec de l'argent, chez les fournisseurs de l'Etat? Les bons de pain ne sont humiliants que quand ils sont délivrés à titre d'aumône; qu'ils le soient à titre d'honoraires, ils n'humilieront plus personne.

Par un *sixième décret*, le pouvoir garantit aux propriétaires, pour leurs loyers à échoir, le montant des retenues qu'il va faire sur les travaux de leurs locataires travaillant pour les bazars nationaux, et leur interdit d'exercer aucune poursuite contre leursdits locataires à raison de l'arriéré qui pourra leur être dû.

Cet arriéré sera payable sans intérêts par une retenue faite à partir de la deuxième année et pendant les six qui suivront.

Le montant des loyers à échoir ou échus sera payé aux propriétaires partie en numéraire, partie en bons de subsistance, partie en bons d'industrie.

Par un *septième décret*, le pouvoir supprime le droit de succession au-delà du troisième degré, et frappe toutes les successions conservées, légales ou testamentaires, d'un droit de 25 p. 0|0, payable à l'Etat en espèces ou en matières premières, et remboursable immédiatement et intégralement par lui en bons de subsistance et d'industrie, tirés sans intérêts sur une série d'années.

Cette mesure a pour but l'application de ce double principe :

1° Que le droit de disposer doit demeurer intact, l'Etat n'ayant pas le droit de s'arroger la moindre partie d'un bien qui ne lui appartient pas;

2° Que la propriété terrienne, point d'appui théorique

et pratique de l'usure, doit bientôt disparaître de la société.

Il est facile de démontrer que la propriété terrienne n'est pas moins funeste dans ses conséquences qu'absurde dans son principe. A ceux qui désirent la conserver à perpétuité, nous demanderons comment ils la veulent, s'ils la veulent grande ou petite, se concentrant dans quelques mains ou se subdivisant entre toutes. Car, il faut bien le reconnaître, à moins de la déclarer incessible et insaisissable et de rétablir les anciens droits d'aînesse, il est impossible, au milieu des vicissitudes du commerce, que cette propriété demeure immuablement stagnante dans les mêmes mains.

Que si on la veut tendante à la concentration, il arrivera, tôt ou tard, que quelques hommes en deviendront les seuls maîtres, tous les autres n'étant que leurs serfs ou leurs esclaves. Dès-lors, il ne valait pas la peine de remuer le sol de la France par 60 ans bientôt de révolutions.

Que si au contraire on veut qu'elle tende à la subdivision, il lui arrivera d'être un jour si petite dans la plupart des mains que toute exploitation fructueuse deviendra impossible. Puis voilà les procès pour droit de passage, limites, cours d'eau, etc., etc., qui conduisent chez l'avoué nos petits propriétaires, c'est-à-dire que voilà nos petits propriétaires ruinés et expropriés, et qu'un capitaliste s'empare pour quelques écus de toutes ces parcelles d'un terrain qu'on n'eût pas dû diviser.

Le système des petites propriétés terriennes fait des propriétaires, de véritables taupes, se construisant, loin des lumières de la science, des loges à peine convenables à des animaux immondes.

Donc ce qu'il nous faut à tous, ce n'est ni la grande propriété faisant vivre dans une oisive insolence un petit nombre de seigneurs, ni la petite propriété donnant à peine du pain noir à un grand nombre de paysans ; ce qu'il nous faut, c'est la grande culture assurant, une existence convenable à tous les citoyens.

Par un *huitième décret*, l'Etat déclare se charger, comme c'est son devoir et par conséquent son droit, de l'éducation complète de tous les enfants , éducation physique, intellectuelle et morale.

Des dispenses d'éducation commune pourront être accordées aux parents dont la position matérielle, intellectuelle et morale offrira toutes garanties, mais ce moyennant une redevance en faveur des enfants moins privilégiés que les leurs.

Il est facile de démontrer que les enfants doivent être élevés par et pour la société, non par et pour leurs parents. Les parents s'en vont, c'est le passé; la République vient, c'est l'avenir.

La liberté que la République doit garantir , ce n'est pas celle des parents de faire ce qu'ils veulent de leurs enfants, mais bien celle des enfants de devenir ce que la nature veut qu'ils soient.

Ne craignons pas de le dire : l'éducation abandonnée aux parents est pire que l'ancien droit de vie et de mort des pères sur leurs enfants.

Eh quoi ! notre raison se révolte à cette idée qu'un homme, parce qu'il a concouru à la mise au monde d'un enfant , puisse avoir le droit de tuer ce petit être d'un seul coup, et elle ne se révolterait pas également à cette pensée que le même homme aurait le droit de tuer cet enfant peu à peu, d'épuiser et de déformer son corps, de fausser et d'abrutir son esprit, et enfin de démoraliser et de corrompre son cœur !... Mais ne vaudrait-il pas mieux, pour cet enfant comme pour la société, qu'il eût été écrasé sur une pierre le jour de sa naissance ?

Par un *neuvième décret*, tous placements viagers sont interdits entre particuliers, pour être désormais acceptés par l'Etat seul.

Il est facile de démontrer que les placements à fonds perdus sont d'une immoralité profonde entre particuliers, tandis qu'au contraire ils sont d'une moralité parfaite dans les mains de l'Etat.

Les rentiers viagers de l'Etat seront payés ainsi que tous autres retraités ou pensionnaires, partie en numéraire, partie en bons de subsistance, partie en bons d'industrie, partie en caution locative.

Par un *dixième décret,* il est ouvert un grand-livre de la propriété publique, sur lequel chaque propriétaire pourra venir librement et spontanément inscrire sa propriété pour une rente annuelle de..... fixée suivant la moyenne des fermages et payable de la même manière que les rentes viagères et autres pensions de l'Etat.

Par un *onzième décret,* il est déclaré que, nonobstant toute convention contraire, laquelle sera nulle de plein droit, tous travaux faits par des entrepreneurs ou ouvriers, pour le compte de particuliers, porteront intérêt à 6 pour 0|0 à partir de leur confection, soit suivant un compte courant en moyenne, lorsqu'il s'agira de travaux faits sur place, soit suivant la facture de livraison, lorsqu'il s'agira de travaux faits dans les ateliers et livrés à domicile.

Les propriétaires ne se faisant pas scrupule de faire des placements à intérêts, tandis que sous divers prétextes ils diffèrent le règlement des travaux qu'ils ont reçus, les entrepreneurs se voient forcés de se rattraper sur leurs ouvriers en spéculant sur la main d'œuvre, ce qui ne les empêche pas de finir souvent par la faillite et la banqueroute.

Comme on le voit, cette mesure, si favorable aux ouvriers, a pour but de détruire l'usure, tout en établissant un intérêt d'argent.

L'intérêt de l'argent ne doit être qu'une indemnité payée à celui que l'on en prive, pour compenser le dommage qu'on lui cause ; c'est cependant le contraire qui se pratique aujourd'hui.

On paie des intérêts à celui que son numéraire embarrasse et qui n'éprouve aucun dommage de sa privation, et l'on n'en paie pas à celui à qui cette privation forcée cause un véritable dommage et souvent même le ruine.

On voit bien que toutes ces lois ont été faites par des propriétaires et des capitalistes.

Par un *douzième décret*, sont supprimés tous droits quelconques sur les substances alimentaires, le vin, le sel, le sucre, etc...

Par un *treizième décret*, sont expropriées pour cause d'utilité publique, toutes les mines et toutes les voies de communication. Les prix étant arrêtés au cours du jour du décret seront payables, à la volonté des expropriés, ou par des bons remboursables en espèces métalliques à diverses échéances, à partir du jour de la livraison, ou par des bons de subsistance et d'industrie, immédiatement réalisables.

Par un *quatorzième décret*, il est établi différents bureaux hiérarchiques de placement industriel : un bureau central à Paris, un bureau divisionnaire dans chacune des divisions industrielles de la France (les divisions industrielles seront les analogues des divisions militaires), un bureau départemental, un bureau d'arrondissement, un bureau cantonal et un bureau communal dans chaque chef-lieu de département, d'arrondissement et de canton, et dans chaque commune.

Tout individu, homme ou femme, désirant une occupation quelconque, sera tenu de s'y faire inscrire et de fournir tous les renseignements propres à éclairer la société sur sa position matérielle, intellectuelle et morale.

Cette inscription, dont le prix est fixé à 25 c., sera payée le jour de l'entrée en place par le maître chez lequel entrera l'employé.

Nul ne pourra employer ouvrier ou commis sans l'avoir pris dans un de ces bureaux.

Par un *quinzième décret*, sont supprimés tous les monopoles individuels ou corporatifs, tant dans l'industrie que dans la littérature et les arts.

Toute invention, tout ouvrage modèle sera estimé par un jury arbitral, nommé moitié par l'inventeur ou l'auteur et moitié par l'État.

Le prix en sera payé comme il a été dit pour les remboursements successifs.

Par un *seizième décret*, tous les priviléges des banques d'escompte sont abolis.

Il est facile de démontrer que les banques ne font que galvaniser le commerce.

Elles préparent la banqueroute en trompant la confiance.

Elles font circuler des richesses qui n'existent pas et ne font pas circuler celles qui existent.

Elles servent à doubler et décupler par le crédit les fortunes des spéculateurs dont elles escomptent les signatures.

Elles donnent aux forts des forces pour écraser les faibles.

Telles sont les mesures que nous proposons comme immédiatement réalisables et comme devant au bout de peu de temps introduire l'humanité dans le monde de la justice.

Et maintenant, Peuple, hâte-toi.

Hâte-toi d'organiser la liberté que tu as su conquérir.

Marche, mais ne cours point.

Songe qu'autour de toi sont des loups dévorants qui attendent que tu sois à terre pour se précipiter sur toi.

Ils espèrent ou que, si tu restes en place, la fatigue te forcera à te coucher toi-même, ou que, si tu cours, le moindre obstacle pourra te faire tomber.

Tant qu'ils te verront debout, les loups, qui sont des lâches, n'oseront point t'attaquer.

Marche donc sans crainte ; l'avenir est à toi.

LE CHANT DU TRAVAIL,

Marseillaise pacifique.

Allons, enfans de la Patrie,
Voici venir des temps nouveaux.
La sanguinaire tyrannie
Ne fait plns flotter ses drapeaux.   (*bis.*)
Le laboureur, dans sa chaumière,
N'a plus à craindre les soldats ;
Les arts succèdent aux combats,
Et l'abondance à la misère.
Courage ! Citoyens, ensemble travaillons ;
Marchons (*bis*), que notre ardeur féconde nos sillons. (*bis.*)

Pour des maitres que l'or enivre,
Le peuple, las de s'épuiser,
A reconquis son droit de vivre,
De produire et de disposer.   (*bis.*)
On spéculait sur sa faiblesse
En trafiquant de sa santé.
Respect à la propriété
Du bras qui produit la richesse !
Courage ! Citoyens, etc.

Grâces, hommage à l'industrie,
Qui verse en tous lieux ses bienfaits !
Vous tous qui lui devez la vie,
Admirez ses divins progrès.   (*bis.*)
La vapeur, brisant tout obstacle,
Donne des ailes aux bateaux ;
Et d'un char roulant sans chevaux
La vitesse tient du miracle.
Courage ! Citoyens, etc.

Dans nos campagnes , dans nos villes ,
Voyez ce peuple bon et fort :
Il change en instruments utiles
Ces mousquets , instruments de mort. (*bis.*)
Et le fer, en lames glissantes
Serpentant par mille chemins ,
Unit les solidaires mains
De cent nations florissantes.
Courage ! Citoyens , etc.

Egale, libre et fraternelle ,
Gloire, soutiens le travailleur ;
Conduis la famille nouvelle
Aux champs de paix et de bonheur. (*bis.*)
Sur cette terre d'harmonie ,
Par tes mains de fleurs couronnés,
Que tous les peuples fortunés
Ne chantent plus qu'une Patrie.
Courage ! Citoyens , ensemble travaillons :
Marchons (*bis*), que notre ardeur féconde nos sillons. (*bis*)

LA GLOIRE.

Quel est parmi ce blanc nuage
Des cieux illuminant l'azur,
Cette femme au mâle courage,
Au front majestueux et pur ?
Cette femme, c'est notre mère,
Et notre amante, et notre sœur ;
C'est la Gloire, à qui sans mystère
Chacun ose livrer son cœur.

De son trône qui se balance
Dans les vagues plaines des airs,
Son irrésistible puissance
Crée et gouverne l'univers.
Sa splendeur immense, éternelle,
Ravit nos yeux passionnés.
Le soleil ne luit que par elle ;
Les soleils sont ses fils aînés.

Si Dieu n'eût point aimé la Gloire,
Il n'eût point engendré les cieux;
Il n'eût point fait de la nuit noire
Surgir mille astres radieux ;
Il n'eût point peuplé la nature
D'anges et d'hommes et de fleurs,
Et près de chaque créature
Fait couler des flots de bonheurs.

La Gloire est cette vierge mère
A qui tout chrétien fait la cour,
Qui, par un sublime mystère,
Au fils de Dieu donna le jour.
La gloire enfante les grands hommes
Qu'immaculée elle a conçus.
Sans elle, tous, tant que nous sommes,
Nous vivons morts et sans vertus.

Noble reine, brillante Gloire,
Reçois mon serment solennel.
Je t'aime ; au temple de mémoire
Scellons un hymen éternel.
Je t'aime, vierge douce et pure,
Accordant tes chastes faveurs,
Un baiser d'amour sans souillure
A tous les vrais adorateurs.

Je t'aime, dans tes mains habiles
Tenant le sceptre de la paix,
Et couronnant les arts utiles
Des guirlandes de tes bienfaits ;
Je t'aime encor mettant les armes
Aux mains du soldat avancé
Qui veille, et des sombres alarmes
Défend son pays menacé.

Mais au sang qui rougit la terre
En secret je mêle mes pleurs,
Et ma voix triste et solitaire
Te raconte ainsi mes douleurs :
« O Gloire, parmi les batailles
Faudra-t-il toujours te chercher ?
Et dans l'horreur des représailles,
Pour t'atteindre toujours marcher ?

Toi qui donnas aux cieux la vie,
Toi, l'épouse de l'Eternel,
Dans le temple de l'harmonie
N'aurais-tu jamais un autel ?
C'est là qu'à ta beauté féconde,
Moi, je veux rendre hommage et foi ;
Heureux, si, par la paix du monde,
Je puis un jour aller à toi ! »

Edmond VIDAL.

www.ingramcontent.com/pod-product-compliance
Lightning Source LLC
Chambersburg PA
CBHW061641060726
47597CB00005B/2002